AF555512

L'EMPIRE

ET

L'OPPOSITION

DEVANT LA FRANCE

PAR

UN FRANCAIS.

BRUXELLES,
IMPRIMERIE DE CHARLES LELONG,
rue du Commerce, 25.
1870

L'EMPIRE ET L'OPPOSITION

DEVANT LA FRANCE.

Les événements qui viennent de se dérouler sous nos yeux d'une façon aussi imprévue qu'affligeante, seront plus tard jugés comme ils le méritent d'une manière définitive; pour aujourd'hui il faut se contenter de les apprécier sommairement et, après avoir groupé avec suite dans sa pensée tous ces faits au jour le jour, d'en dégager ce qui paraît en ressortir clairement.

L'Empire, quoi qu'en disent ses détracteurs, avait donné à la France dix-huit années de sécurité et de prospérité à l'intérieur, de gloire et de prépondérance au dehors. Pendant toute cette période l'ordre n'avait été troublé que de loin en loin par des factieux imprudents et des minorités dangereuses; le commerce et l'industrie avaient pris un développement considérable, interrompu momentanément, il est vrai, du moins pour les pays du nord et de l'est par les traités de commerce, mais qui n'aurait pas manqué de reprendre bientôt avec une nouvelle activité.

Pendant toute cette période, la France n'avait jamais combattu que pour des causes justes; partout, comme on l'a dit, elle a toujours été le soldat du droit. On l'a vue tour à tour protéger, par l'expédition de Crimée, contre un puissant voisin un pays dont l'existence est si nécessaire aux intérêts vrais et à la paix de l'Europe; affranchir l'Italie au nom du principe peu défini encore, mais si juste au fond, des nationalités; entreprendre au nom d'une idée généreuse l'expédition du Mexique qui, en cas de succès, aurait été féconde en heureux résultats et pour nous et pour l'Europe. L'influence française était grande auprès des différents cabinets, car on avait foi en nos conseils et en notre loyauté. C'est ainsi que l'Autriche vaincue par la Prusse, au lendemain même du jour où nous avions lutté contre elle en Italie, prenait l'Empereur comme intermédiaire dans des négociations délicates.

Telleétait, d'une façon générale, notre situation. Il faut maintenant rechercher par suite de quel concours de circonstances nous nous trouvons réduits au point où nous en sommes aujourd'hui.

La France a-t-elle, comme le prétend le gouvernement républicain, succombé sous le poids des fautes impériales? N'est-elle pas plutôt l'innocente victime des agissements coupables de ceux-là mêmes qui viennent aujourd'hui d'avoir le triste courage de ne pas reculer devant un bouleversement intérieur et ses funestes conséquences pour s'emparer du pouvoir?

Pour répondre à cette question, il suffit d'examiner sommairement les faits qui se sont accomplis pendant ces quatre dernières années, et je crois que la réponse ne saurait être douteuse. Sans supporter l'entière responsabilité de ce qui se passe, l'opposition peut cependant en revendiquer la plus grande part. Son passé est là qui, comme la robe de Nessus, doit la brûler. Elle essaierait en vain de s'en dépouiller. Efforts stériles! Elle s'en est drapée autrefois comme de la toge romaine : elle ne peut en débarrasser aujourd'hui ses épaules meurtries.

La nation a le droit d'exiger que ceux qui la gouvernent lui rendent des comptes. L'Empire peut rendre les siens sans crainte; en sera-t-il de même de ceux qui, par un coup de surprise, ont renversé une dynastie qu'avait consacrée le suffrage populaire?

En 1866, après la terrible campagne qui se termina par la bataille de Sadowa, l'Empereur aurait pu, s'il l'avait voulu, faire continuer, en y prenant part, une lutte sanglante dont les intérêts de l'humanité et des diverses nations exigeaient la fin; il a préféré rester jusqu'au bout fidèle à sa mission conciliatrice, et la lettre suivante, qu'il écrivit en cette circonstance au roi Victor-Emmanuel, reflète sa généreuse conduite et ses nobles intentions :

« Monsieur mon frère,

« J'ai appris avec plaisir que Votre Majesté avait adhéré à l'armis-« tice et aux préliminaires de paix signés entre le roi de Prusse et « l'empereur d'Autriche. Il est donc probable qu'une nouvelle ère de « tranquillité va s'ouvrir pour l'Europe. Votre Majesté sait que j'ai « accepté l'offre de la Vénétie pour la préserver de toute dévastation « et prévenir une effusion de sang inutile. Mon but a toujours été de « la rendre à elle-même, afin que l'Italie fût libre des Alpes à l'Adria-« tique. Maîtresse de ses destinées, la Vénétie pourra bientôt par le « suffrage universel exprimer sa volonté.

« Votre Majesté reconnaîtra que, dans ces circonstances, l'action de « la France s'est encore exercée en faveur de l'humanité et de l'indé-« pendance des peuples.

« Je vous renouvelle l'assurance des sentiments de haute estime et « de sincère amitié avec lesquels je suis

« De Votre Majesté le bon frère,

« NAPOLÉON.

« Saint-Cloud, le 11 août 1866. »

Il ne faut pas d'ailleurs se le dissimuler, notre intervention aurait, sans nul doute, provoqué en même temps celle de l'Angleterre et de la Russie qui se seraient certainement prononcées pour celui des deux belligérants contre lequel nous aurions pris parti. C'était dès lors déchaîner de gaîté de cœur une guerre européenne dont nul ne pouvait prévoir l'issue. Dans quel sens du reste aurions-nous exercé notre intervention? Était-il de notre intérêt de nous mettre contre l'Autriche, au risque de consommer la ruine de cet état dont l'existence est indispensable au maintien de l'équilibre européen?

Était-il de notre intérêt de nous prononcer contre la Prusse et de nous opposer à l'unification de l'Allemagne? Ses tendances unitaires s'étaient affirmées depuis trop longtemps dans toutes les traditions de l'Allemagne, dans les chants de ses poëtes comme dans les aspirations de la nombreuse jeunesse de ses universités, pour qu'il fût possible d'arrêter ce mouvement. N'aurait-ce pas d'ailleurs été la violation flagrante de ce principe des nationalités au nom duquel nous avions fait l'Italie, de ce principe si profondément naturel, si essentiellement favorable au développement progressif de la liberté, parce qu'il enlève peu à peu tous les motifs de rivalités et de querelles entre les différents états, et qu'appliqué avec mesure et sagesse il permettra d'arriver à cette fraternité universelle des peuples que d'obstinés rêveurs croient poursuivre à travers les mirages chimériques des bouleversements sociaux? Raisonnablement pratiqué, ce principe des nationalités, introduit depuis peu dans le droit public moderne, finira par amener d'une façon stable l'équilibre qu'on a vainement cherché dans la pondération à peu près égale des forces et la création des états neutres.

Après la lutte de la Prusse et de l'Autriche, il n'y avait qu'à reconnaître loyalement le fait accompli, car l'unité de l'Allemagne devait fatalement s'effectuer.

Le gouvernement français a tenu en cette circonstance la seule attitude qui fût vraiment politique, et il n'a pas dépendu de lui que les bonnes relations entre les deux pays pussent durer. Il n'y a qu'à se souvenir de la fameuse circulaire si juste et si vraie que M. de la Valette, ministre par intérim des affaires étrangères, adressait le 16 septembre suivant. C'était le programme d'une politique vraiment nationale que l'opposition n'a pas permis de suivre et qu'elle n'a cessé de décrier, lançant à la fin, après plusieurs années de discours et d'attaques, le pays dans une guerre funeste afin d'amener la chute de l'empire. Elle en rejette aujourd'hui la responsabilité; mais, quoi qu'elle fasse, il faudra qu'elle la supporte devant la France et devant l'histoire.

L'organisation militaire de la France et celle de la Prusse étaient bien différentes, et, depuis les guerres du premier Empire dans lesquelles les deux armées s'étaient rencontrées pour la dernière fois, chacun des deux pays avait bien différemment mis le temps à profit. Cela tient surtout aux dissensions politiques intérieures de l'un et à la cohésion intime de l'autre.

L'histoire de la Prusse commence avec le règne de Frédéric-le-Grand. Dèjà à cette époque les armées du Roi peu nombreuses, mais bien disciplinées et sévèrement conduites, se faisaient remarquer par leur bonne tenue et leur fermeté. Plus tard elles participèrent à toutes ces grandes luttes dont l'Europe fut le théâtre au commencement du siècle, et surent y tenir un rang honorable. Le gouvernement prussien eut surtout le bon esprit de tenir compte des renseignements qu'il avait recueillis dans ces guerres, et il profita habilement de la longue période de paix dont il a joui pour effectuer les transformations qu'il jugeait nécessaires. Il a remanié de fond en comble à différentes reprises l'organisation militaire ; peu à peu il est arrivé à faire du pays tout entier un vaste camp, formé de tous les citoyens valides entre les mains desquels il a placé les engins les plus perfectionnés. Pour parvenir à ce but, il fallait qu'il ne fût dérangé par aucune discussion, par aucun contrôle : aussi a-t-il repoussé toute ingérence dans la formation des troupes et les dépenses de l'armement. Les grandes choses s'accomplissent toujours par la volonté réfléchie et décidée d'un seul, tandis que les meilleures résolutions sont stérilisées par les discussions des assemblées, si consciencieuses qu'elles soient. Par ce moyen, grâce à la paix, grâce à sa volonté persévérante, en 1866 la Prusse possédait enfin une armée et des armes de guerre qui ont fait leurs preuves foudroyantes dans la campagne contre l'Autriche. Après ses rapides succès, elle ne s'est pas laissé éblouir par la victoire ; elle a encore cherché les moyens de perfectionner son organisation, et la nouvelle loi militaire votée en 1867 donnait à ses institutions une nouvelle force.

Si nous jetons les yeux sur ce qui se passait en France pendant ce temps-là, nous y voyons tout autre spectacle. Les rivalités et les haines des partis sont poussées à un tel point qu'elles empêchent d'apprécier d'une façon exacte l'intérêt général et ne permettent presque pas qu'on s'occupe comme il conviendrait des grandes questions politiques dans lesquelles l'honneur national d'un pays se trouve fatalement engagé.

En 1814, des héroïques armées qui avaient pendant

dix-huit ans promené leurs aigles victorieuses à travers l'Europe, il ne restait que des débris. Il fallait donc tout reconstituer au plutôt, et c'est en 1832 seulement que fut enfin promulguée une loi qui répondît à peu près aux besoins d'un grand pays comme la France, et qui, tout incomplète qu'elle fût, marquât cependant un progrès réel sur l'ancien état de choses. Mais, en même temps, le gouvernement de juillet eut le tort de vouloir trop sacrifier à la garde nationale. L'idée d'une milice citoyenne, séduisante en théorie, est dans la pratique inutile et dangereuse : contre l'ennemi elle n'est et ne peut être qu'une non valeur ; contre l'émeute elle s'abstient, ou trahit.

Un spirituel écrivain a bien défini son rôle par la bouche de Joseph Prudhomme : Elle a des armes «pour défendre, a-t-il dit, les institutions, et au besoin pour les combattre.» L'histoire en main, on peut voir à quoi les gardes nationales ont servi en France jusqu'à présent. Je ne dis pas que, dans l'avenir, elles ne puissent être utiles, mais actuellement encore elles ne sont qu'un danger et ne serviront que le jour où nous ne serons plus séparés par des divisions de partis.

Il n'est pas besoin de faire l'éloge du soldat français : toutes les nations contre lesquelles nous avons lutté et à côté desquelles nous avons combattu, sont unanimes à reconnaître sa vigueur, sa loyauté, sa bravoure et son intrépidité. Il n'a d'ailleurs qu'à se souvenir de ses ancêtres. Les volontaires en haillons de 1792 ont produit ces héros de la grande armée, ces vieux de la vieille dont les glorieuses traditions sont encore vivantes parmi nous. On ne faillit jamais à un tel passé.

Mais ce qui a toujours manqué à l'armée française, c'est une robuste organisation, qui ne peut être que l'œuvre du temps et dont la perfection ne s'acquiert qu'àprès bien des tâtonnements. Or, si depuis 1815 jusqu'au second Empire nos soldats ont pu se former individuellement surtout dans les guerres périlleuses d'Afrique, il faut reconnaître d'un autre côté que l'organisation militaire était restée bien défectueuse et présentait des lacunes regrettables, qui ne nous permettaient pas de supporter une de ces grandes guerres pour lesquelles une nation de premier ordre doit toujours être préparée.

Aussi, dès que Napoléon III fut monté sur le trône, il porta tout particulièrement son attention sur l'armée et sur la marine, qui avaient autrefois fait l'objet de ses études de prédilection.

400,000 hommes environ d'effectif, c'est à dire 200,000 à peu près à opposer à l'ennemi, telles étaient nos ressources militaires en 1850. Malgré ces ressources restreintes, nous pûmes mener à bien l'expédition de Crimée, à la condition toutefois d'élever d'une façon exceptionnelle et anormale le chiffre de nos contingents durant trois années consécutives. L'Empereur tira un premier enseignement de cette guerre : c'est que le contingent n'était pas assez élevé et que, pour faire face à une expédition quelle qu'elle fût, il fallait faire injustement peser sur une ou plusieurs classes des charges extraordinaires. Aussi le contingent annuel fut-il porté à 100,000 hommes. Cette mesure si utile n'a jamais cessé d'être l'objet des attaques reitérées de l'opposition qui fermait les yeux pour en méconnaître l'importance.

La campagne d'Italie décida le gouvernement à établir une réserve qui, sans augmenter les charges en temps de paix, permît à un moment donné de disposer d'environ 600,000 hommes.

Ces réformes constituaient déjà une notable amélioration, et, pour les accomplir, on avait tiré de la loi de 1832 tout ce qu'elle pouvait donner.

D'autres modifications ne pouvaient être apportées qu'en modifiant les bases mêmes du système.

La guerre de 1866 vint encore nous donner de nouveaux enseignements. Spectateur attentif de cette lutte si courte et si sérieuse dont il suivit chaque phase, l'Empereur vit combien était puissante l'organisation de la Prusse, qui en 15 jours pouvait avoir sous ses ordres une armée de 900,000 hommes toute équipée, toute exercée. Il reconnut dès lors la nécessité de transformer d'une manière radicale nos institutions, et la loi qui fut présentée aux chambres en février 1868 fut le résultat de ces études et de ces observations.

La discussion à laquelle elle donna lieu est encore trop présente à l'esprit de tout le monde pour qu'il soit nécessaire d'insister sur ce point.

Chacun se rappelle les attaques injustes et violentes qu'elle a soulevées, et les remarquables rapports qui ont accompagné sa présentation devant le corps législatif et devant le sénat.

La nouvelle loi pouvait se résumer ainsi : augmentation notable des forces du pays en cas de guerre, diminution considérable en temps de paix des charges qui pèsent sur la nation.

Cinq ans de présence sous les drapeaux, quatre ans dans la réserve avec la faculté de contracter mariage à l'expiration de la première année, tandis qu'autrefois la durée du service était de sept ans. Tous les jeunes gens de 20 à 25 ans ne faisant pas partie de l'armée active tombent dans la garde nationale mobile. Ils sont en temps de paix astreints à vingt jours d'exercice par an; ce qui n'apporte aucune entrave à leurs occupations professionnelles, mais ce qui leur permet de s'habituer à la discipline militaire, d'acquérir les premières notions de la *théorie*, de telle sorte que, si les circonstances exigent qu'ils fassent un service actif, quinze jours au plus suffisent pour qu'ils soient aussi prêts à entrer en campagne que nos soldats réguliers.

Les réformes apportées dans la marine furent moins vivement attaquées, parce que, pour être discutées, elles exigent des connaissances spéciales qui ne figurent généralement pas dans le bagage de Messieurs de l'opposition.

Sans oublier les vaisseaux de guerre à hélice et les batteries flottantes, le perfectionnement le plus important fut l'application des cuirasses en fer à nos bâtiments. C'est à l'initiative de l'Empereur qu'est due cette réforme considérable qui permet aux vaisseaux ainsi protégés de supporter le feu des pièces d'artillerie nouveau modèle. 50 bâtiments cuirassés furent construits d'après cette idée dont 16 vaisseaux ou frégates, 5 corvettes, 3 garde-côtes et 26 batteries flottantes.

Si l'on compare l'effectif de notre marine avec ce qu'il était autrefois, on constate une augmentation de 110 navires. Il convient de remarquer en même temps que le chiffre des bâtiments à roues et à voiles a diminué de 150, tandis que celui des bâtiments à hélice a été porté de 14 à 230. Il faut enfin mentionner les grands travaux exécutés dans les ports militaires et arsenaux maritimes de Cherbourg, Brest, Lorient, Rochefort et Toulon, travaux rendus nécessaires par l'accroissement considérable de nos forces maritimes.

En présence de tous ces perfectionnements réalisés, il faut louer hautement la pensée qui y a présidé ; il faut reconnaître que le temps avait été largement mis à profit. Notre flotte pouvait dignement rivaliser avec les premières marines du monde : elle était pour les autres nations un objet d'émulation et d'envie.

On ne peut que regretter que des circonstances funestes ne nous aient pas permis de recueillir les fruits de tous ces travaux. Nos désastres sur terre ont empêché notre flotte d'appuyer utilement nos armées, comme elle l'aurait fait s'il leur avait été donné de pénétrer sur le territoire prussien.

Napoléon III avait donc posé les bases d'une organisation militaire puissante dont les effets n'ont pu être jugés, car l'opposition ne lui a pas laissé la possibilité de l'appliquer comme il l'aurait voulu. Si de 1868 à 1870 l'Empereur avait eu les mêmes pouvoirs incontestés qu'il possédait dans les commencements de son règne, l'armée française aurait pu être fortement et virilement constituée pour lutter contre la Prusse. Les troupes régulières auraient formé une masse de plus de 600,000 hommes. La garde mobile aurait compris près de 400,000 jeunes gens, tous dans la force de l'âge, et dont l'éducation militaire aurait été assez ébauchée pour pouvoir être terminée en quelques jours. La marine comptait 50 bâtiments cuirassés, 230 à hélice, 150 à voiles ou à roues.

L'ensemble de ces forces aurait été suffisant pour résister avantageusement aux armées réunies de l'Allemagne. Même en cas d'insuccès, elles auraient donné le temps de préparer d'une manière complète les jeunes gens compris dans l'appel anticipé de la classe de 1870 et ceux de 25 à 35 ans en état de porter les armes. Ces nouvelles troupes bien formées auraient alors pu venir utilement renforcer celles qui avaient déjà subi le feu de l'ennemi : la France aurait ainsi fini par sortir victorieuse de la lutte.

Tout cela était magnifique sur le papier, dira-t-on, si l'on songe aux événements qui viennent de se produire. Mais, si tout cela est resté, en partie du moins, à l'état de lettre morte, sur qui doit en retomber la faute? Est-ce sur celui qui voulait introduire ces réformes utiles? N'est-ce pas plutôt sur ceux qui ont essayé d'y mettre toutes les entraves possibles?

L'opposition n'a-t-elle pas à la chambre violemment discuté toujours le budget du ministère de la guerre, demandant chaque année des réductions, cherchant à soulever le pays contre la nouvelle loi militaire?

Les députés de la gauche n'ont-ils pas en toute occasion réclamé la suppression des armées permanentes? Ne se sont-ils pas plaints sans cesse que la conscription enlevait trop de bras à l'agriculture et à l'industrie? N'ont-ils pas été jusqu'à dire que l'armée n'était qu'un ignoble moyen employé pour comprimer et terroriser les populations?

Quelques députés de la majorité eux-mêmes, dans un but de popularité malsaine, ont fait sur certaines de ces questions cause commune avec la gauche. Ils ont tous lieu de se réjouir aujourd'hui de leur attitude. Ils peuvent se dire, en descendant avec satisfaction au fond de leurs consciences: J'ai bien mérité de la patrie! Oui, chacune de vos attaques était un coup que vous portiez à la puissance de la France; chacun de vos discours donnait aux ennemis une force plus grande. Vous pouvez juger aujourd'hui des résultats sinistres de vos doctrines malfaisantes, vous souvenir des éloges intéressés de cette presse qui vous portait aux nues, et mesurer à l'étendue de nos désastres l'immensité de vos fautes ou tout au moins de votre aveuglement coupable.

La presse de l'opposition n'a reculé devant aucun moyen pour corrompre, décrier, décourager l'armée, pour soulever les familles contre nos institutions militaires. Nos vaillants soldats, elle les a présentés comme des machines inintelligentes et abruties, accueillant contre eux dans ses colonnes remplies de mensonges les récits les plus odieux et les plus faux. Nos institutions militaires, elle les a représentées comme des lois vexatoires, iniques et inutiles, qui pesaient lourdement sur les populations, empêchant le développement de la liberté en même temps qu'elles causaient la ruine du commerce. Ces doctrines erronées, elle les a fait peu à peu pénétrer habilement dans le peuple qui s'est en partie laissé prendre à tous ces grands mots. Elle a travesti ou nié toute l'importance des mesures qu'on voulait et qu'on aurait dû prendre malgré elle, et c'est ainsi qu'elle a insensiblement établi un courant d'opinion hostile à l'état de choses existant, courant contre lequel on a eu le tort de ne pas réagir avec énergie dès le début. On a trop espéré qu'une étude plus approfondie dissiperait les fausses interprétations; on a trop compté sur la bonne foi des partis, comme si on pouvait convaincre autrement qu'en faisant toucher du doigt par la pratique, comme si on pouvait compter sur l'impartialité de l'opposition.

Profitant des facilités que les nouvelles lois leur donnaient, la presse hostile et les réunions publiques accomplissaient leur œuvre de destruction en attaquant sans relâche les mesures prises en février 1868. Les voix qui essayaient de protester contre ces attaques étaient étouffées par des clameurs violentes, et d'ailleurs n'est-ce pas le propre de la nature humaine de se ranger du côté de ceux qui attaquent plutôt que du côté de ceux qui défendent? Ne voulant pas heurter de front l'opinion publique qui ne comprenait pas l'urgente nécessité des mesures votées, gêné d'ailleurs dans l'exercice de son pouvoir par les libertés qu'il venait de concéder et dont on ne se servait que contre lui, le gouvernement retardait de jour en jour la réorganisation qu'il avait décidée en principe, qui ne pouvait se faire qu'avec le temps et qu'on a vainement essayé d'improviser lorsque la guerre est venue éclater d'une façon aussi soudaine qu'inévitable.

L'heure n'est pas encore venue où il est permis de juger les événements qui viennent de s'accomplir avec une rapidité vertigineuse.

L'histoire plus tard appréciera les réformes libérales concédées par l'Empereur qui alla même jusqu'à dépasser les desiderata de l'interpellation des 116, laquelle elle-même ne s'explique que difficilement quand on réfléchit aux circonstances au milieu desquelles elle s'est produite et aux signatures hétérogènes dont elle a été revêtue. Elle appréciera le ministère du 2 janvier, et les hommes qui prirent alors le pouvoir sous le prétexte d'affermir l'Empire en l'étayant sur le parlementarisme; elle appréciera le plébiscite du 8 mai et les résultats qu'on en devait légitimement attendre; elle appréciera enfin les causes multiples qui nous ont lancés dans une guerre fatale.

Ces causes n'ont pas encore toutes éclaté au grand jour, et il ne convient pas encore de les discuter. Mais ce que l'on peut reconnaître dès à présent, c'est que l'attention du gouvernement de l'Empereur a été constamment tournée vers une réorganisation de l'armée, que la gauche l'a sans cesse attaqué sur ce point et qu'après avoir blâmé les moindres réformes, les moindres améliorations, l'opposition vient aujourd'hui accuser ce gouvernement de n'avoir rien fait pour préparer sérieusement une armée. C'est une erreur. Il a fait beaucoup, ainsi que nous l'avons exposé brièvement tout à l'heure. Il voulait faire davantage encore. Depuis la déclaration de la guerre, il a pris coup sur coup les mesures les plus aisément praticables pour faire face aux périls qui nous menaçaient, et les lois que le cabinet a fait voter avaient pour but l'armement dans un aussi bref délai que possible de toutes les forces vives du pays : appel à l'activité de la garde nationale mobile et organisation des différents bataillons en régiments; formation des régiments de marche; appel des anciens militaires, des jeunes gens de 25 à 35 ans; appel anticipé de la classe de 1870; extension des facilités pour les remplaçants. Est-ce que tous ces différents projets n'avaient pas déjà reçu un commencement d'exécution? Est-ce que le ministère Palikao notamment n'a pas déployé toute l'activité possible pour faire face à toutes les difficultés? Malgré cela, l'opposition ne lui a pas épargné les attaques, et ses mandataires l'ont forcé à venir souvent à la chambre perdre en discussions stériles un temps précieux pour le salut de la France.

Je vois bien une révolution qui s'est accomplie le 4 septembre, mais je ne vois pas d'actes importants faits depuis en vue de la défense nationale. De nombreuses réformes ont été opérées dans l'ordre politique : le gouvernement de fait a d'abord songé à placer partout de nouveaux fonctionnaires ; cela se comprend, car la plupart des anciens ont donné leur démission, et d'ailleurs il devait caser une foule de ses amis avides de se précipiter à la curée. Mais le ressentiment politique, la haine de parti ne devaient pas l'aveugler au point de donner des successeurs à un préfet et à un maire qui depuis un mois recevaient héroïquement les balles dans Strasbourg assiégée et qui n'ont connu la république qu'en même temps qu'ils apprenaient leur révocation. A Lyon et à Marseille le gouvernement de la Défense nationale a laissé arborer le drapeau rouge et incarcérer une foule de personnes. Il a révoqué des maires, des adjoints, des commissaires de police.

. Il a voulu satisfaire toutes les rancunes, assouvir toutes les ambitions déréglées.

Est-ce qu'en ce moment vous n'auriez pas dû avoir de plus mâles soucis? Est-ce que toutes vos pensées, tous vos actes ne devaient pas être exclusivement tournés vers ce but unique : débarrasser le territoire de l'étranger, défendre l'honneur national? Ce n'est pas tout d'avoir mis l'étiquette sur le sac; il faut encore que la marchandise réponde à ce que l'on promet.

Pendant que vous étiez dans les rangs de l'opposition, vous avez beaucoup discuté tout ce qu'a fait le gouvernement de l'Empereur en vue de la défense nationale. En usurpant vous-même le pouvoir sans mandat de la nation, c'est que vous aviez sans doute un programme meilleur à mettre en pratique. Quelle est cependant la mesure nouvelle dont vous ayez pris l'initiative?

En est-il une seule dont vous puissiez vous attribuer le mérite? Non. Vous vous êtes contentés de suivre le sentier tracé.

C'était par là reconnaître implicitement que l'Empire avait fait ce qu'il y avait à faire.

Votre prétention était donc d'appliquer purement et simplement les décisions prises avant vous. Je ne sais si, après cela, vous oserez dire que c'est vous seuls qui, en proclamant la République, avez sauvé la Patrie.

Mais, si la patrie est sauvée, ce ne sera pas de votre faute; vous n'y aurez aucunement contribué, et vous ne pourrez pas vous en attribuer l'honneur. Vous avez fait beaucoup d'actes politiques, jamais d'actes de défense nationale. Vous vous êtes contentés de lancer des circulaires, de crier : Aux armes, citoyens ! à peu près comme les choristes de l'opéra chantent : Marchons, en piétinant sur place. Au nom de la liberté de la presse, vous suspendez ou supprimez les journaux; au nom de l'indépendance de la magistrature, vous changez le per sonnel des tribunaux pour y placer partout des agents politiques. Et, en même temps que vous désorganisez tous les services publics, vous ne savez même pas orga niser l'armée ; vous ne savez pas même exécuter les mesures d'armement que le corps législatif avait votées.

Vous parlez de levée en masse, c'est à dire de la ruine du pays organisée par vos soins, et vous ne pouvez seulement pas mettre en ligne les troupes qui sont réunies dans les dépôts.

Au lieu de fortifier l'armée, vous la découragez, vous l'insultez, cherchant à la déshonnorer et oubliant que vous paralysez ainsi l'élan national; car l'armée, c'est une partie du peuple et la meilleure. Vous faites tant et si bien que vous songez moins à défendre la France qu'à sauver la République.

Dénaturez, si vous le pouvez, la vérité pour servir votre cause; mais, si vous parvenez à fausser dans le présent l'opinion publique, prenez garde que l'avenir désillusionné ne vous demande un compte sévère de vos actes.

Des plumes plus autorisées que la nôtre retraceront plus tard l'histoire du second Empire qui, quoi qu'on en puisse dire maintenant, pourra sans crainte en appeler au jugement de la postérité. Quant à vous qui vous êtes emparés du pouvoir par surprise, allez ! jouissez de votre triomphe éphémère ! Enivrez-vous de votre succès. Réalisez, si vous le pouvez, les promesses que vous avez faites. On va donc vous juger encore une fois à l'œuvre; mais de grâce n'imitez pas ces charlatans effrontés qui font périr leurs malades sous prétexte de les sauver. Incapables et impuissants de la veille, avez-vous depuis votre chute appris quelque chose? Avez-vous surtout beaucoup oublié? Vous avez de nouveau voulu à tout prix jouer un rôle; vous faites de nouveau violemment irruption sur la scène politique. Tâchez d'être, si vous le pouvez, à la hauteur de votre mission; car, si le pays s'aperçoit encore une fois que vous ne battez la grosse caisse du libéralisme qu'à votre profit et à celui de vos amis, il se fatiguera de vos boniments, toujours les mêmes, et il aura assez de force et d'énergie pour faire justice de vos doctrines irréalisables qui le lancent, malgré lui, dans des aventures périlleuses et funestes.

FIN.

www.ingramcontent.com/pod-product-compliance
Lightning Source LLC
LaVergne TN
LVHW020454230826
846091LV00008BA/3205

* 9 7 8 2 0 1 6 1 2 4 4 9 9 *